UNABHÄNGIG UND INOFFIZIELL

FORTNITE GEWINNER GUIDE

DIE BESTEN TIPPS UND TRICKS

DK | Penguin Random House

Text und Design © 2018 Carlton Books Limited

Für die deutsche Ausgabe:
Programmleitung Monika Schlitzer
Projektbetreuung Christian Noß
Herstellungsleitung Dorothee Whittaker
Herstellungskoordination und Herstellung Sophie Schiela

Titel der englischen Originalausgabe:
Fortnite Battle Royale Ultimate Winners' Guide

This book is not endorsed by Epic Games, Inc.
All information correct as of November 2018.

2. Auflage, 2018

Übersetzung Simone Heller
Lektorat Sandra Noa

ISBN 978-3-8310-3761-2

Druck und Bindung DZS Grafik, Slowenien

www.dorlingkindersley.de

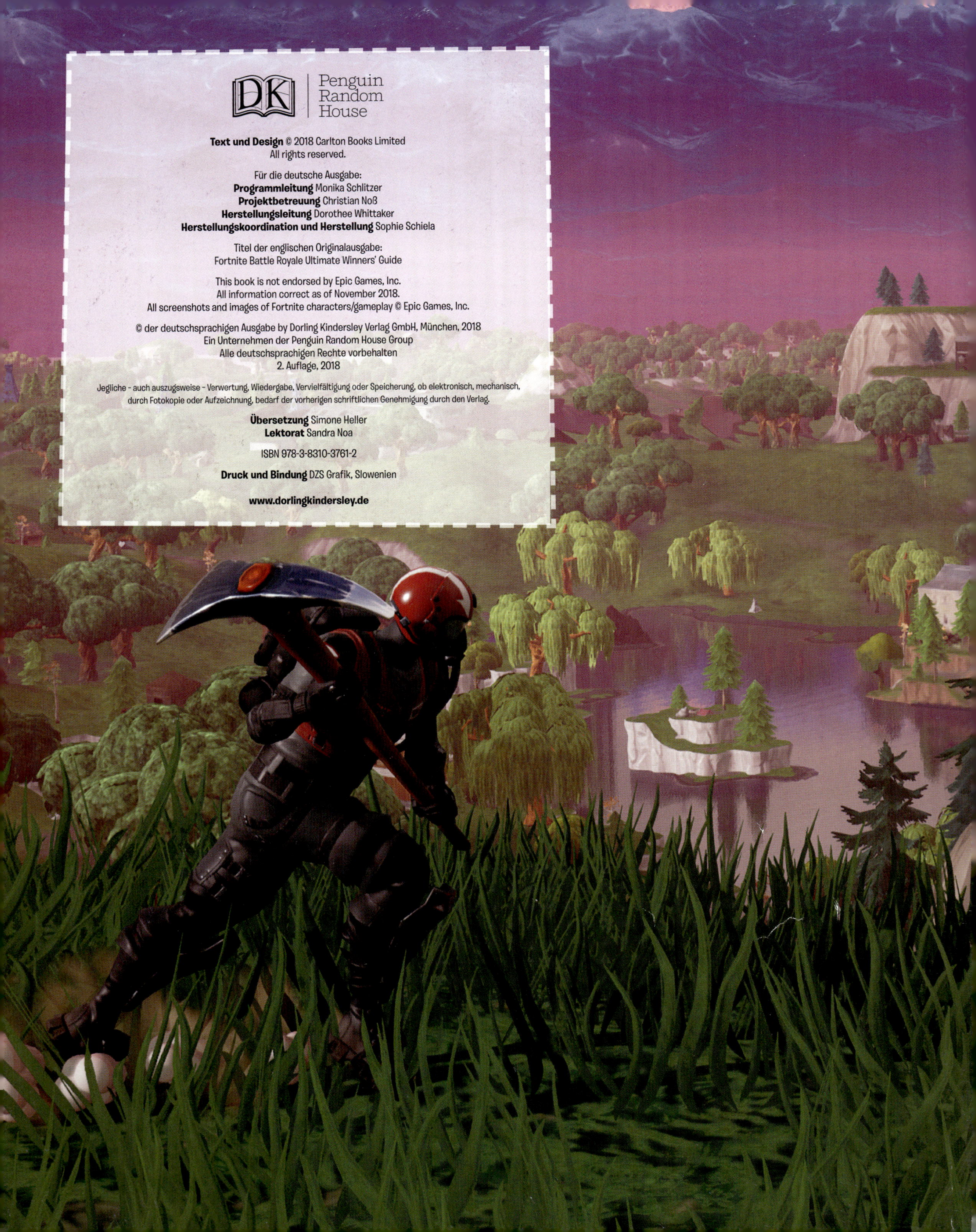

Unabhängig und inoffiziell

FORTNITE GEWINNER GUIDE

Die besten Tipps und Tricks

DK

INHALT

Guter Schachzug - du hast dir den ultimativen Ratgeber für das größte und beste Spiel des Universums besorgt! Fortnite ist prall gefüllt mit Action, Abenteuer, Können, Taktik, Überleben, Bauen, Ausrüstung und viel, viel mehr.

Ob du Anfänger bist oder Fortnite-Pro, dieses Buch macht dich zum brillanten Spieler. Hier findest du Geheimnisse, Tipps, Anleitungen, Fakten und Spaß. Sei bereit für den Kampf!

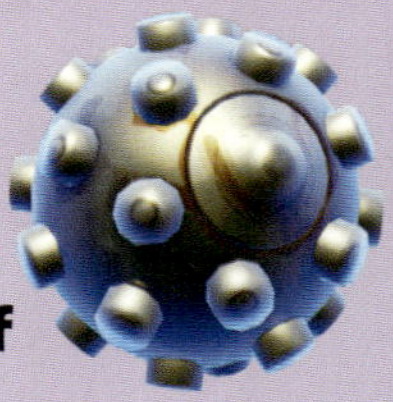

Finde das ultra-seltene goldene Lama

Fortnite-Spieler **träumen** davon, zur Stelle zu sein, wenn ein **Beute-Lama** auftaucht. Und nur wenige haben je ein goldenes gesehen. **Findest** du es in diesem Buch?

Übrigens, das deutlich sichtbare auf S. 61 zählt **nicht!**

SICHERHEIT ONLINE:

Fortnite ist ein Online-Spiel, in dem man gegen Spieler jeglichen Alters **auf der ganzen Welt** antritt. Über In-Game-Chat und Text interagieren und kommunizieren Spieler. Den Sprachchat kann man **abschalten.** Eltern sollten mit ihrem Kind besprechen, wie man sich online sicher verhält, und es bitten, ihnen seltsame Vorfälle zu erzählen. Man kann andere Spieler dem Fortnite-Hersteller **melden.**
Auf Seite 22 und 23 findet ihr weitere Sicherheitshinweise.

14 wissenswerte Dinge über

FORTNITE

Finde mit diesen unentbehrlichen Fakten heraus, was das Spiel ausmacht, das alle spielen ...

1. **Rette die Welt** und **Battle Royale** sind zwei Versionen des Spiels. Battle Royale wurde als erstes free-to-play verfügbar.

2. Battle Royale ist ein Wettkampf zwischen **100 Spielern.** Der letzte Überlebende holt sich die **Krone für den epischen Sieg!**

3. Fortnite läuft auf **Xbox, PlayStation, Nintendo Switch, PC, Mac,** einigen Handys und Tablets.

4. Charaktere können **Tanz-Emotes** ausführen - etwa **Zahnseide!**

5. In **Rette die Welt** bildet man mit drei anderen Spielern ein Team, führt Missionen durch und legt sich mit gruseligen Zombies an, den **Hüllen!**

6. In Deutschland ist Fortnite je nach Modus **ab 12 oder ab 16 Jahren** freigegeben.

7 Waffen findet man in Truhen, Vorratslieferungen und auf dem Boden. **Orange leuchtende Waffen** sind sehr selten – damit könnte der epische Sieg dir gehören!

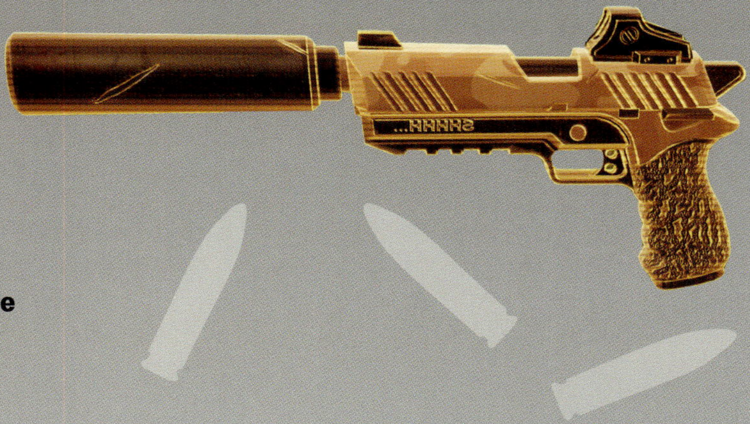

8 Looten und Schießen ist nicht alles! In Fortnite erledigst du Gegner leichter, wenn du **Gebäude baust,** die dich schützen und länger im Spiel halten.

9 Spieler müssen im **Sturmauge** bleiben, das im Verlauf des Spiels immer kleiner wird. Verlässt du diesen Bereich, nimmst du heftig Schaden!

10 Beim **Looten** sammelst du coole Waffen und Gegenstände. Suche in Gebäuden nach Geheimvorräten, die dir den Sieg bringen.

11 Die In-Game-Währung in Fortnite nennt man **V-Bucks.**

12 Die meisten Spieler nutzen **Headsets,** um Schritte, Vorratslieferungen und das Flirren von Truhen zu hören!

13 Fortnite kommt von Epic Games. Mehr als **40 Millionen** Spieler haben sich Battle Royale heruntergeladen. Wow!

14 Außer allein gegen 99 andere zu spielen, kann man auch als Duo oder **Squad** mit drei anderen antreten.

Helden-Zeit!

Diese ersten Seiten liefern Grundlagen. Hier lernst du die Helden des Spiels kennen und die coolen Skins, in die du sie stecken kannst!

!

FORTNITE-FAKT!

Klicke den Spind-Reiter an, um alle deine Skins zu sehen.

Zufalls-Royale

Bei Fortnite Battle Royale wird dir dein Held **zufällig** zugeteilt. Aber mach dir keine Sorgen, denn alle Helden haben **dieselben Kräfte und Fertigkeiten!** Ob du als muskelbepackter Kämpfer oder schlanke Frau spielst, ist völlig egal, letztlich sind es **Waffen und Taktik,** die dich durch die Schlacht bringen.

Super-Skins

Lass deinen Helden anders (und sehr viel cooler) aussehen, indem du seinem **Skin** ein Upgrade verpasst, ihm also ein Outfit gibst. Dazu kaufst du mit V-Bucks Skins über den Gegenstand-Shop-Reiter. Aber denke daran, Skins machen dich nicht besser und sind rein **zur Zierde.** Hier sind fünf der besten ...

Rote Ritterin

Seltenheit: legendär

Gehört zum Set der Fort Knights. Mit diesem Outfit erklärst du dich zur **roten Gefahr** von Anarchy Acres!

Wukong

Seltenheit: legendär

Auch als **Affenkönig** bekannt, wurde dieser Skin zur Feier des Chinesischen Neujahrsfests eingeführt.

Arktisassassinin

Seltenheit: selten

Aus dem **eiskalten** Arctic-Command-Set. Mit diesem krassen grauen Kampfanzug bleibst du innen schön frostig.

Nite Rider

Seltenheit: episch

Diese gruselige schwarz-rote Lederkluft soll deine Gegner **das Fürchten** lehren!

Tomatenkopf

Seltenheit: episch

Fans von Tomato Temple lieben diesen Skin, der wie das Maskottchen des **Pizza-Restaurants** aussieht.

FORTNITE-FAKT!

Zeige Dance-Moves wie Dab oder Huhn, indem du sie im Gegenstands-Shop auswählst.

Am Steuer

Wenn du neu im Spiel bist, musst du dich mit der Standard-Steuerung von Battle Royale vertraut machen ...

Erste Übersicht

Klicke auf **Einstellungen** oben rechts auf deinem Bildschirm, dann scrolle zum **Steuerung-Reiter.** Dort siehst du die Tastenbelegung für Battle Royale auf deiner Plattform. **Schau sie dir genau an,** besonders Grundfunktionen wie Bewegen, Sprinten, Zielen, Waffenauswahl und Springen.

Zeit allein

Um dich daran zu gewöhnen, deinen **Helden zu steuern,** lande an einem abgelegenen Ort der Insel **am Meer.** Wenn keine Gegner da sind und du eine Waffe erbeuten kannst, nutze die Steuerung, um zu schießen und zu bauen. Mach dir keine Gedanken, ob der Sturm dich erwischt, denn das ist **wertvolle Übungszeit,** in der du die Grundlagen lernst.

Lobby-Übung

Bevor der Schlachtenbus abhebt, kannst du im Lobby-Bereich herumstreifen. Übe in dieser Zeit mit der Steuerung, probiere ein paar einfache Bau-Funktionen aus oder versuche, zu springen und zu schleichen. Das ist ein **gutes Aufwärmprogramm** vor der Landung.

Baumeister Pro

Nutze die Baumeister-Pro-**Konsolen-Einstellung,** um viel schneller zu bauen. Du kannst sofort eine lebensrettende Rampe oder Mauer erstellen, ohne eine Menge Knöpfe drücken zu müssen!

Siegestanz

Tanzen ist nicht **entscheidend** fürs Spiel, aber es ist super, mit ein paar geschmeidigen Moves für Spaß zu sorgen. Auf Xbox und PS4 zeigt der Abwärtspfeil auf dem D-Pad deine Tanz-Emotes. Übe in der Lobby.

Entdecke die Grundwerte auf dem Spiel-Bildschirm ...

Der linke Kasten zeigt die Munition, die du geladen hast, der rechte die übrige Munition.

Punkte für Schild (blau) und Gesundheit (grün)

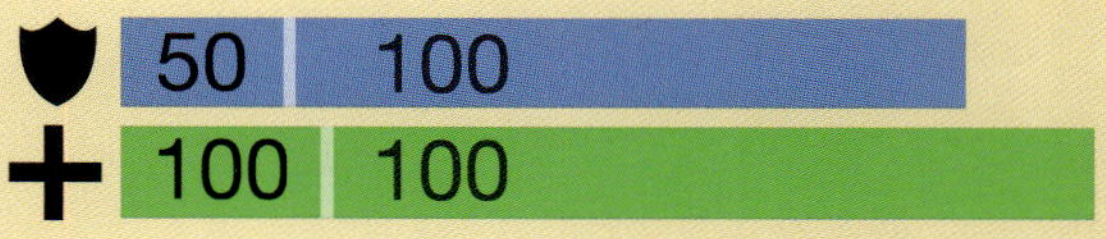

Dein Kompass

Anzahl von Spielern, die noch im Kampf sind (links) und deine Kills (rechts)

Deine Inventargegenstände, darunter Waffen und Schildtränke

Auf der Karte

Lerne die krassesten Orte der Battle-Royale-Karte kennen!

! FORTNITE-FAKT!

Die Karte kann sich von Saison zu Saison **ändern** ... was wohl demnächst auftaucht?

Wailing Woods

Schlängle dich durch den **Baumbestand** und finde den Geheimbunker. Sammle dabei möglichst viel Holz – **das wirst du später brauchen!**

Tilted Towers

Battle Royales **größte Stadt** steckt voller Materialien und Beute. Aber auch voller anderer Spieler, also **bleib auf der Hut!**

Greasy Grove

Dort **wird es oft voll.** Haus und Gebäude bieten Deckung und einen guten Überblick, bevor du dir Beute und Kills sicherst!

Paradise Palms

Mitten in der Wüste liegt Paradise Palms mit einer **Rennstrecke** und einer **Tankstelle.** Lust auf ein Rennen?

Haunted Hills

Lass dir auf dem Friedhof in Haunted Hills **keinen Schrecken** einjagen! Dort ist es oft tödlich still.

Salty Springs

Eine der **beliebtesten** Absprungzonen der Karte! Suche nach Häusern zum Looten und einer geheimnisvollen Schatzkarte.

Tomato Temple

Dieser alte Tempel ist voller **nützlicher Beute.** Hier kannst du dir schon früh eine Waffenauswahl besorgen.

Retail Row

Läden, Häuser, Gebäude – das ist ein **toller Ort,** um dich zu Beginn der Schlacht rasch mit Beute zu versorgen.

Lucky Landing

Lande im Süden und **schnapp dir alles, was du kannst.** Lucky Landing ist nicht groß, aber man findet dort nützliche Beute.

In der Schusslinie

Im Wettlauf zu den Waffen ist es gut zu wissen, was du suchen und was du links liegen lassen solltest!

Sturmgewehr

Seltenheit: selten

FAN-FAVORIT!

DPS*: 181,5
*Schaden (Damage) pro Sekunde

Schaden: 33

Nachladezeit: 2,2 Sekunden

Magazingröße: 30

Viele Spieler halten das Sturmgewehr für die **beste Allround-Waffe.** Auf nahe und mittlere Distanz ist es sehr treffsicher und verursacht ordentlich Schaden. Das seltene Sturmgewehr ist **nicht zu schwer zu finden** und definitiv eine Waffe, die man mitnehmen sollte!

Spieler starten mit 100 HP Gesundheit und einem Schildbalken mit Platz für 100 HP extra.

Nimmt man Schaden, sinkt die Gesundheit.

Schildtrank
+50 Schild

Schlürfsaft
Heilt 75 HP
+75 Schild

Verband
Heilt 15 HP

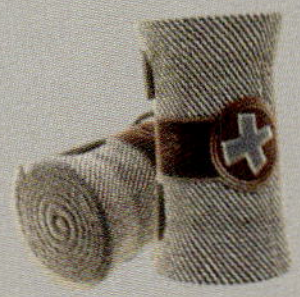

Pistole

Die gewöhnliche Pistole ist auf kurze Distanz ok, wird aber selbst da von Schrotflinten übertroffen. Man lässt sie **schnellstens** zurück!

Seltenheit: gewöhnlich

DPS: 155,25

Schaden: 23

Nachladezeit: 1,5 Sekunden

Magazingröße: 16

Pumpgun

Steht man plötzlich **direkt vor einem Gegner,** zeigt ein Schuss aus der Pumpgun, wer der Boss ist!

Seltenheit: ungewöhnlich

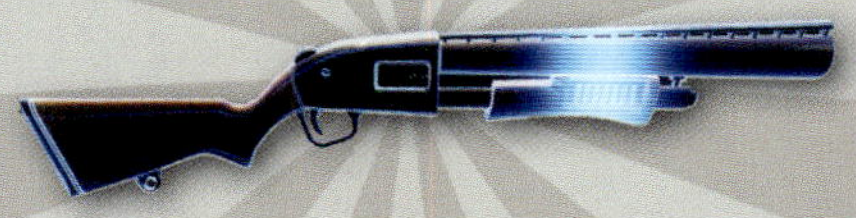

DPS: 56

Schaden: 80

Nachladezeit: 4,8 Sekunden

Magazingröße: 5

Taktische Schrotflinte

Diese Waffe sieht im Kampf gut aus, und wenn du richtig zielst, richtet sie auch **ziemlichen Schaden** an!

Seltenheit: selten

DPS: 111

Schaden: 74

Nachladezeit: 5,7 Sekunden

Magazingröße: 8

Repetier-Scharfschützengewehr

Toller Schaden, aber man muss **sehr gut zielen,** denn diese Waffe muss man nach jedem Schuss nachladen!

Seltenheit: selten

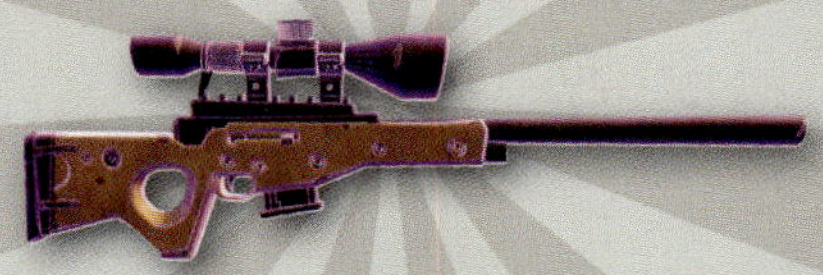

DPS: 34,7

Schaden: 105

Nachladezeit: 3,0 Sekunden

Magazingröße: 1

Infarot-Sturmgewehr mit Zielfernrohr

Diese Waffe ist episch und legendär. Mit ihr erkennt man **feindliche Wärmesignaturen,** Truhen und Vorratslieferungen.

Seltenheit: legendär

DPS: 66,6

Schaden: 37

Nachladezeit: 2,07 Sekunden

Magazingröße: 15

Lies dir diese Tipps durch, um einen Fortnite-Kampf zu überleben!

Erste Kampftipps

Stehe höher

Stelle dich über einen Standort, um zu sehen, was (und wer) dort ist. Oben **trifft man dich auch schwerer!**

Rampenrennen

Baue Rampen, um auf Dächer oder hoch über den Boden zu gelangen, denn das **hilft beim Überleben.**

Baue eine Falle

Erbeute eine Falle. Stelle sie in einem Gebäude auf, damit ein Spieler, der dir folgt, hineinläuft. **Bumm!**

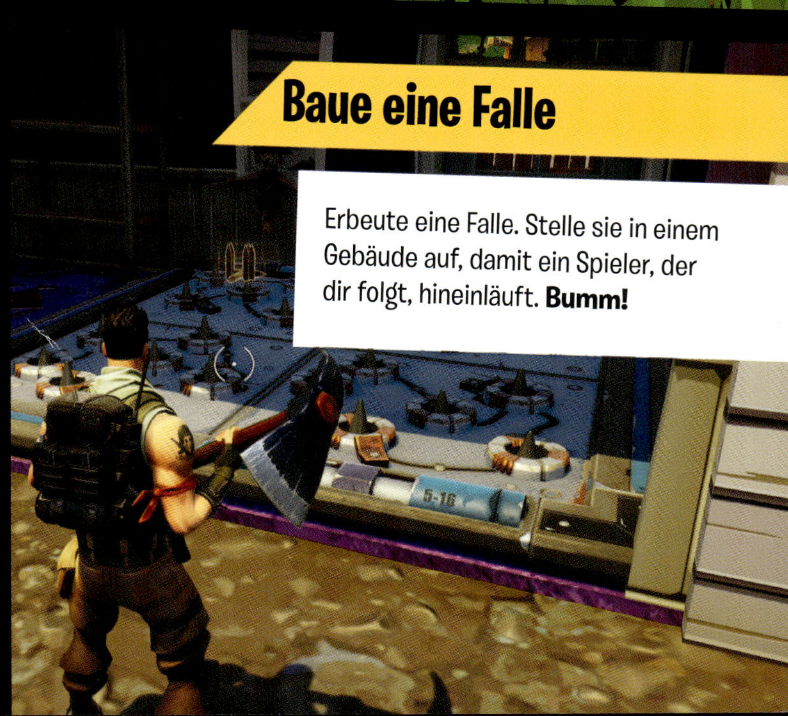

Kurzer Blick

Spähe vorsichtig um die Ecke, ehe du einen Raum betrittst. Dieser **einfache Tipp** kann dir das Leben retten!

Duck dich

Wenn du schleichst, stellst du ein **kleineres Ziel** dar und zielst selbst sicherer. Du bewegst dich auch leiser.

FORTNITE-FAKT!

Siehst du einen **roten Apfel** neben einem Apfelbaum, iss ihn. Du erhältst **plus fünf Punkte** auf Gesundheit!

Loote Distanz-Waffen

Schnapp dir Scharfschützen- und Automatik-Gewehre. Mit diesen Waffen kannst du aus großer Entfernung zuschlagen.

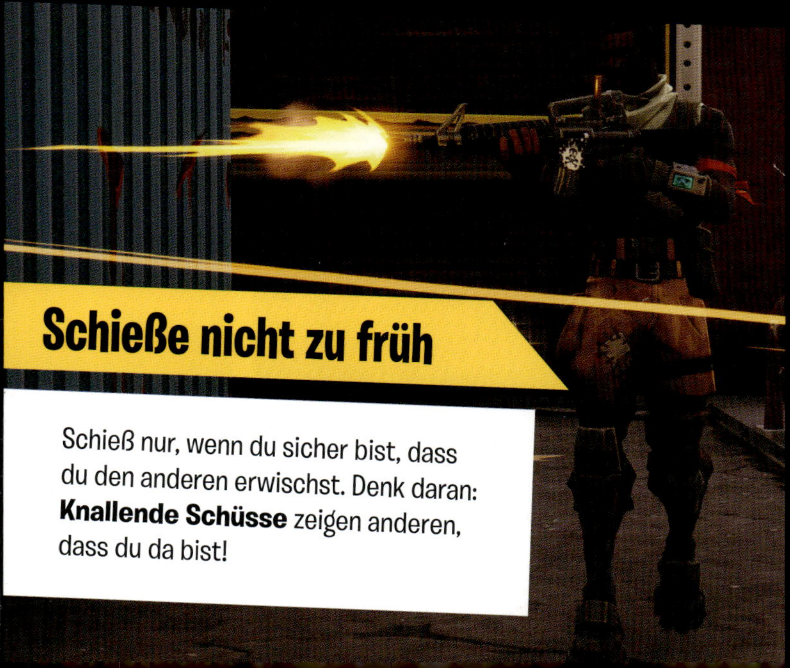

Schieße nicht zu früh

Schieß nur, wenn du sicher bist, dass du den anderen erwischst. Denk daran: **Knallende Schüsse** zeigen anderen, dass du da bist!

Bleibe im Sturm

Stell dir den Sturmkreis auf der Karte als **sichere Zone** vor. Bleibe darin, um deine Gesundheit zu schonen.

Anfänger-Tipps

Hier sind fünf Erfolgs-Tipps für Battle Royale. Werde König oder Königin der Fortnite-Karte!

Nimm Schildtränke!

Trink sie immer, **sobald du sie findest,** und erhöhe deinen Schild um 50.

Nimm dir Zeit!

Prüfe vor dem Kampf, ob du **genug Zeit** hast. Das Spiel wartet nicht, während du beim Abendessen bist!

Gehe in 1-gegen-1-Kämpfe!

Übe **intensive** Spieler-gegen-Spieler-Kämpfe - als Pro musst du sie meistern.

Sei geduldig!

Es braucht Übung, um sich in Battle Royale zu behaupten. **Verstärke dein Können nach und nach.** Es lohnt sich!

Sammle Ressourcen!

Wenn du nicht Beute machst oder kämpfst, **zerhacke** Bäume, Autos und Behälter, um so viele Baumaterialien wie möglich zu erhalten.

Anfänger-Fehler

Welchen Stil du auch spielst, denke immer an diese entscheidenden Fortnite-No-Gos!

Vergiss nicht die Muni-Kisten!

Es ist toll, neue epische Waffen aufzusammeln, aber denk dran, dass du auch **genug** Munition brauchst!

Denke nicht an Kills!

Ziel von Battle Royale ist, der oder die **letzte Überlebende** zu sein, nicht, viele auszuschalten. Vergiss das nie!

Bring dich nicht um!

Wenn du etwas Doofes machst, etwa einen Raketenwerfer direkt vor dich feuern, **bist du raus,** Kumpel!

Renne nicht zur Beute!

Du willst Beute, wenn du jemanden ausgeschaltet hast. Prüfe erst, **ob es sicher ist,** denn andere warten vielleicht darauf!

Bleibe nicht offen sichtbar!

Aufenthalt im offenen Gelände ist **unklug.** Bleibe geduckt, versteckt und in Bewegung auf der Hut vor potenziellen Scharfschützen.

Wie bitte?!

Lerne nötige Fortnite-Ausdrücke und -Begriffe kennen ...

Schlachtenbus

Der fliegende Bus, aus dem **alle Spieler** am Beginn von Battle Royale abspringen.

PvP

Player vs. Player (Spieler gegen Spieler). Rette die Welt ist PvE (Spieler gegen **Environment/**Umgebung).

Vorratslieferung

Eine blaue Kiste, die zufällig im Sturm landet. Sie enthält **bessere Gegenstände** als normale Truhen.

Abbau

Wenn ein Spieler **Ressourcen** wie Holz, Metall und Stein sammelt. Entscheidend für Baumeister!

Spawn

Spawn bezeichnet Orte, an denen **Waffen, Materialien und Gegenstände** generiert werden.

LTM

Limited Time Mode. Das sind Spezialspiele, die nur für begrenzte Zeit verfügbar sind, wie zum Beispiel 50-gegen-50 oder Solo-Showdown.

Epischer Sieg

Das bekommt der Gewinner des Spiels. Der epische Sieg – Victory Royale – ist dein **ultimatives Ziel!**

Kill

Wenn du einen Gegner aus dem Spiel nimmst, auch **Takedown** genannt.

Saufkrug

Legendärer Fortnite-Gegenstand! Verbrauche ihn, um Gesundheit und Schild wiederherzustellen.

Sniper

Jemand, der aus weiter **Entfernung** auf dich schießt. Sogenannte Scharfschützen müssen gut zielen.

Truhe

In Battle Royale sind in Holztruhen Gegenstände wie **Waffen oder Tränke,** die man erbeuten kann.

Skins

Dein Aussehen als Held (Spielfigur). **Persönliche Skins** sind wichtig bei Fortnite.

Medikit

Ein praktischer Heilgegenstand, der in zehn Sekunden die **gesamte Gesundheit** auffüllt.

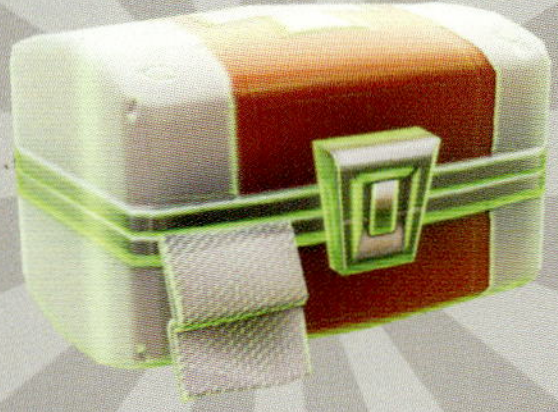

Updates

Wenn Spielentwickler Epic Veränderungen oder Neuerungen einführt. Updates sind oft **richtig fett!**

Hängegleiter

Spieler **springen** mit ihrem Gleiter aus dem Schlachtenbus zum Ort ihrer Wahl ab.

Beute-Lama

Ein höchst seltener (und bedröppelt dreinblickender) **Beutevorrat** voller Materialien, Fallen, Tränke, Munition und mehr.

Bleibe sicher

Fortnite ist ein witziges, spannendes Spiel. Aber Sicherheit ist wichtig, wenn man online spielt.

Spiele mit den Eltern

Bist du alt genug, um Fortnite zu spielen, kannst du deinen **Eltern und Betreuungspersonen** zeigen, worum es dabei geht. Lass sie zusehen - oder noch besser - spielt abwechselnd, um gemeinsam zu kämpfen!

Mach es laut

Vielleicht hast du zum Spielen Kopfhörer auf. Wenn du den Sound am **Fernseher oder Monitor** aufdrehst, können andere Leute hören, was los ist und gesprochen wird. Das kann ihnen klarmachen, dass nichts Unangemessenes passiert.

! FORTNITE-FAKT!

Sprachfilter legt man in den **Einstellungen** fest. Sprachchats kann man im Ton-Reiter einfach abschalten.

Mächtige Passwörter

Beim Einrichten deines Accounts nimm am besten ein **neues, starkes Passwort.** Verrate dein Passwort niemals jemandem online.

Kluger Chat

Fortnite lässt Spieler chatten und Nachrichten schicken. **Gib nie Informationen über dich preis,** besonders, wenn du jemanden nicht in echt kennst. Erzähle einem Erwachsenen, wenn dich etwas verunsichert, was du hörst oder siehst.

Benutzernamen-Infos

Gib dir in Online-Games wie Fortnite niemals einen Benutzernamen, der anderen persönliche Details verraten könnte. **Benutze nicht deinen Vor- und Nachnamen zusammen.**

Melde es

Im Hauptmenü kann man schlechtes Benehmen anderer Spieler an Epic **melden.** Mit einem Screenshot oder Video sieht Epic noch leichter, was passiert ist.

Lege Zeiten fest

Einige dich mit deinen Eltern auf ein **festes Zeitlimit,** wie lange du Fortnite spielen darfst. Dann weißt du genau, wie lange du hast, wenn du einen Kampf beginnst. Eine **Bildschirmpause** sorgt dafür, dass du nicht müde wirst.

Spiel-Knigge

„Etikette" ist ein hochtrabendes Wort dafür, wie Spieler miteinander umgehen sollten. **Sei höflich** und verzichte auf Schimpfwörter. Cheatest du, wirst du vielleicht gemeldet und womöglich vom Spielentwickler verbannt. Nicht gut.

LA VISTA!

MEISTERE BATTLE ROYALE

Da du nun die Grundlagen kennst und ein paar Tipps entdeckt hast, kannst du eins draufsetzen! Dieser Teil des Buches enthüllt alle Spezialgeheimnisse und Techniken, die du für überlegene Kämpfe brauchst. Nimm die Mission an und häng dich rein!

Pro-Landung

Tödliche Absprungzonen-Tipps

Mach dir deine Optionen klar, sobald du den Schlachten-bus betrittst.

Wer schnell landet, kann sofort Beute machen! Ziele auf einen **niedrigen** Standort wie eine Straße oder ein Tal. Meide Hügel – bei hohen Zielen öffnet sich der Gleiter eher. Sturzflüge sind **schneller** als Gleitflüge.

FORTNITE-FAKT!

Lande nicht im Wasser rund um die Insel – damit **bringst** du dich **sofort um!**

Bevor du aus dem Bus springst, sei dir über den Standort klar, an dem du landen willst. Springe **nicht direkt über dem Ort** deiner Wahl ab. Man gleitet viel **langsamer** gerade nach unten als schräg.

Sobald du dicht am Boden bist, peile ein hohes Gebäude oder Dach an. Du hast dann sofort einen **Überblick** und kannst das Gebäude nach der ersten Waffe und einem Schildtrank **durchsuchen.**

FORTNITE-FAKT!

Neue Karten-Standorte sind **sehr beliebt.** Springe dort nur ab, wenn du andere Spieler **sicher** schnell ausschalten kannst!

Wo der Bus startet, landen oft auch mehr Spieler. Du kannst länger an Bord bleiben und dir **ein ruhiges Fleckchen** weit ab vom Schuss suchen und so hoffentlich **seltene Beute schnappen!**

Beim Gleiten **halte Ausschau** nach anderen Spielern, die zur gleichen Zeit landen. Sieh nach, wo sie landen und wie viele es sind - das sind **deine Rivalen** um den epischen Sieg!

Lande wie eine Legende ...

- **Entscheide, wohin du zielst.**
- **Gehe superschnell zu Boden.**
- **Schnappe dir eine Waffe.**

7 Überlebensgeheimnisse

Der Sturm!

FORTNITE-FAKT!

Vergiss nicht, dass sich bei jedem Match das Sturm-Auge **zufällig** bewegt. Meistere alle möglichen Sturmbewegungen.

1. Achte auf die **automatischen Warnungen,** die dir sagen, wenn das Auge des Sturms **schrumpft.** Du weißt dann, wie schnell du dich bewegen musst, um im Inneren zu bleiben!

2. Du kannst **am Rande** des Sturms bleiben und langsam mitgehen, während er schrumpft. Du kannst dabei Kills sammeln und kommst vielleicht unter die **letzten 10.**

3. Sorge dafür, nicht in einem Gebäude **festzuhängen,** wenn du losrennen musst, um die sichere Zone zu erreichen. **Plane deine Taktik** und kenne die **Fluchtwege!**

4. Der **blaue Kreis** auf der Karte zeigt das derzeitige Sturm-Auge. Der **weiße Kreis** zeigt, wo das Auge als Nächstes sein wird. **Behalte beides im Blick.**

5. Ist deine erste Kampfaktion und Beute weit vom Sturm-Auge entfernt, wirst du **viel laufen** müssen, um es ins Innere zu schaffen. Gehe nie zu weit vom weißen Kreis weg!

6. Ein Schildtrank hilft nicht gegen **Sturmschäden,** die direkt auf die Gesundheit gehen. Oh, oh!

7. Kenne den Schaden des Sturms. Im Endstadium macht er 8 DPS und schaltet dich **in kürzester Zeit** aus!

Sei ein genialer

BAUMEISTER

Um in Battle Royale einzutauchen, musst du lernen, wie und was man baut!

Es gibt drei Baumaterialien, die man in Battle Royale abbauen kann – **Holz, Stein** und **Metall.** Wie viel du von jedem besitzt, wird rechts angezeigt. Holz ist das **beste Allround-Material.** Damit kannst du schnell bauen, doch die anderen beiden sind robuster.

Holz

Stein

Metall

Um Materialien abzubauen, **zerhacke etwas** mit der Spitzhacke, etwa eine Mauer oder ein Auto, und dein Inventar wächst. Machst du einen Kill, kannst du denjenigen looten, den du besiegt hast, und dir **sein Zeug schnappen.**

!

FORTNITE-FAKT!

Ziele mit der Spitzhacke auf den **blitzenden Kreis,** der angezeigt wird, um das Material schneller zu sammeln.

Schutzwände

Wenn du offenes Gelände durchquerst, auf dem du **leicht unter Beschuss** gerätst, baue dir zur Sicherheit rasch hölzerne Schutzwände. Stelle die Wände vor, hinter oder seitlich von dir auf.

Festungskampf

Eine hohe, selbst gebaute Festung ist eine **Top-Technik,** um einen Kampfvorteil zu gewinnen! Baue sie nicht zu groß, denn du ziehst weiter, sobald das Sturm-Auge schrumpft. **Baue Fenster ein,** damit du schießen kannst.

Taschenfestung

Dieser Gegenstand mit epischer Seltenheit ist ein **glühender Würfel,** der bei der Anwendung sofort eine große Metallfestung baut. Die ist am Spielende superhilfreich!

FORTNITE-FAKT!

Top-Spieler suchen sich **über 300** von jedem Baumaterial, besonders in den späteren Phasen der Schlacht.

Zaunkampf

Kleine Holzzäune sehen nicht toll aus, aber man baut sie **megaschnell,** und sie geben Deckung. Niedrige Zäune sind schwer zu sehen, daher verraten sie dich nicht. Sie dienen als **genialer Schieß-Standort.**

Baue ein Dach

Geht die Schlacht zu Ende und Gegner treten mit Granaten und Raketen an, sollte dein Bauwerk ein **Dach** haben. Das mindert den Schaden von Geschossen, die auf dich zielen.

Werde zum Waffen-
Meister

Schau dir an, wie man das Beste aus den Schießeisen holt. Ob die Gegner direkt vor dir stehen oder weit weg, du wirst sie bald eliminieren wie ein Pro!

Waffen-Grundlagen ...

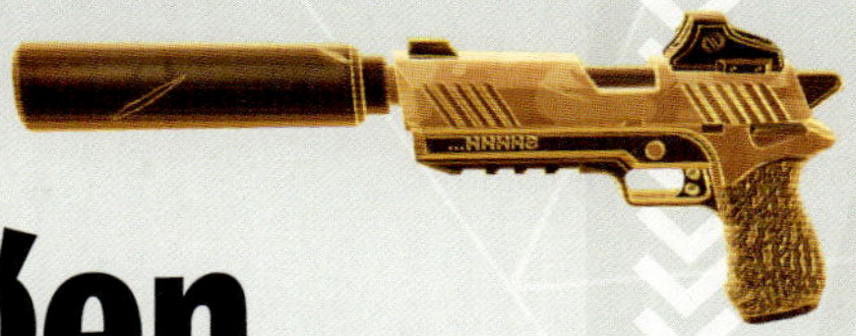

- Pass auf, wer um dich herum ist, wenn ein Schusswechsel ansteht.
- Epische und seltenere legendäre Waffen ähneln sich oft stark.
- Nutze kurze Feuerstöße, damit du genauer schießt.

Kurze Distanz

Top: Schwere Schrotflinte

Als sie 2018 auftauchte, waren die Battle-Royale-Spieler sofort hin und weg von dieser super Waffe! Die legendäre schwere Schrotflinte ist seltener als die Pumpgun oder taktische Schrotflinte, aber sie ist die Suche wert.

Seltenheit: legendär und episch

DPS: 77

Schaden: 77

Feuerrate: 1,0

Nachladezeit: 5,6 Sekunden

Magazingröße: 7

In Gefechten auf **kurze Distanz** ist sie **optimal.** Die Pumpgun bringt etwas mehr Schaden, aber die schwere Schrotflinte (legendär und episch) teilt mehr DPS aus und hat zwei Kugeln mehr im Magazin.

Suche die schwere Schrotflinte in Vorratslieferungen und Truhen oder loote sie nach einem Kill. **Ziele einen Sekundenbruchteil länger,** denn sie braucht einen genauen Treffer, um **atemberaubenden Schaden** auszuteilen.

FORTNITE-FAKT!

Die schwere Schrotflinte war die **erste legendäre Schrotflinte** bei Battle Royale.

Nimm auch: Pumpgun, taktische Schrotflinte, schallgedämpfte Maschinenpistole (Spielwiese-Modus)

Mittlere Distanz

Top: Sturmgewehr SCAR

Obwohl es sogar auf Distanz gute Dienste leistet, ist das Sturmgewehr SCAR auf mittlere Entfernung absolut überlegen! Sticht es dir auf der Karte ins Auge, tu alles, um es zu erbeuten, und lege es ins Inventar. Das SCAR ist ein aufgemotztes M16-Modell.

★★★★★

Seltenheit: legendär und episch

DPS: 198

Schaden: 36

Feuerrate: 5,5

Nachladezeit: 2,1 Sekunden

Magazingröße: 30

Nimm auch: Sturmgewehr M16, Salvensturmgewehr

Du musst kein Meisterschütze sein, um **dieses Monster zu beherrschen,** doch ein Kopfschuss schaltet einen Gegner fast mit einem Treffer aus. Die Magazingröße lässt dich lange schießen, und sogar die Nachladezeit ist gering.

Denke daran, dass kein großer Unterschied zwischen einem violetten epischen SCAR und dem orange glitzernden legendären besteht. Hast du es in Lila, freu dich, dass dieses Gewehr **dich ins Top-10-Duell schießen kann!**

Lange Distanz

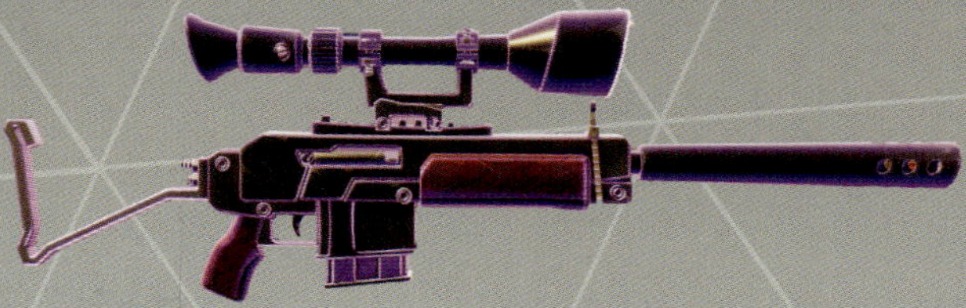

Top: Halbautomatisches Scharfschützengewehr

Das Repetier-Scharfschützengewehr (siehe Seite 15) hat etwas bessere Werte, aber wenn man auf Distanz Ziele ausschalten will, ist das halbautomatische die bevorzugte Waffe. Das Magazin ist zehnmal größer als bei der Repetier-Variante und die Nachladezeit ist auch etwas flotter.

★★★★★

Seltenheit: legendär und episch

DPS: 90

Schaden: 75

Feuerrate: 1,2

Nachladezeit: 2,3 Sekunden

Magazingröße: 10

FORTNITE-FAKT!

Scharfschützengewehre brauchen schwere Munition. Fülle sie beim Looten **immer nach.**

Dieses Gewehr richtet beeindruckenden Schaden an, wenn du **mit Bedacht schießt.** Feuere nicht zu viele Kugeln auf einmal. Der Rückstoß ist heftig und du brauchst einen Augenblick, um wieder ruhig zu zielen.

Du musst **reinzoomen,** um deinen Gegner im Visier zu haben. Weil du mehrere Schüsse abfeuern kannst, stehst du etwas länger still als mit anderen Waffen und kannst so zum **leichten Ziel** werden!

Nimm auch: Jagdgewehr, Repetier-Scharfschützengewehr

Beutejagd

Es gibt bestimmte Orte, zu denen du dich aufmachen solltest, wenn du die beste Ausrüstung suchst, um zu kämpfen wie ein Pro.

Prüfe die Dächer ...

Gebäude betrittst du am besten **am Anfang** einer Schlacht. Du hast die Chance, **der Erste** zu sein, der Truhen findet und dringend benötigte Waffen erbeutet. Gehe auf jeden Fall bis zum Dach - vielleicht musst du Rampen bauen oder Mauern einreißen, um dorthin zu gelangen.

... und die Keller!

Vergiss nicht, auch nach unten zu gehen! Im Keller kannst du **hilfreiche Gegenstände sammeln** und viele Spieler vergessen ihn. Suche nach Kellereingängen und **hacke dich durch,** dann sparst du dir die Zeit, den Haupteingang des Hauses zu nutzen.

Himmlische Vorräte

Vorratslieferungen sind **blaue Kisten,** die an einem Ballon aus dem Himmel schweben. Sie spawnen oft, wenn nur noch 20-30 Spieler im Spiel sind. Wenn du **ein Donnern hörst,** schau nach oben, um zu sehen, wo die Kiste landet, und mach dich auf!

Mächtige Munition

Munitionskisten sind **sehr wichtig.** Die dunkelgrünen Boxen sind im Vorübergehen schwer zu sehen, aber nimm dir immer **eine Sekunde,** um deinen Munitionsvorrat aufzufüllen.

VIP-Fahrzeuge

Du glaubst, Autos und Laster sind keinen zweiten Blick wert? **Falsch!** Augen auf nach Truhen rund um die oder auf den Autos. Auch **hinten im Laster** kann Beute sein - sorge dafür, dass du nicht drinnen festhängst und ausgeschaltet wirst.

Schau zweimal!

Beute liegt nicht immer am selben Ort. Es lohnt sich, an **Geheimplätzen** nachzuschauen, wo du schon einmal Truhen oder Munitionskisten gefunden hast. Aber erwarte nicht, dass sie immer dort sind. Bei Battle Royale brauchst du einen Ersatzplan und **scharfe Augen!**

FORTNITE-FAKT!

Du kannst über ein **Sprungbrett** in die Luft schnellen und mit dem Gleiter auf einem Vorratsballon landen. **Megacooler** Beutezug!

3 Top-Loot-Standorte:

- **Tilted Towers**
- **Retail Row**
- **Tomato Temple**

Verbesserre deine Kampf-Moves und hole dir diese Tipps, um die Schlacht zu überleben!

Fortgeschrittenen-Tipps

Flugspur

Kugeln hinterlassen in Fortnite eine Flugspur, die dir die Richtung anzeigt, aus der sie kommen. Damit lässt sich herausfinden, **wo Angreifer stecken.** Vergiss nicht, dass die Spur auch deinen Standort preisgibt, wenn du eine Waffe abfeuerst!

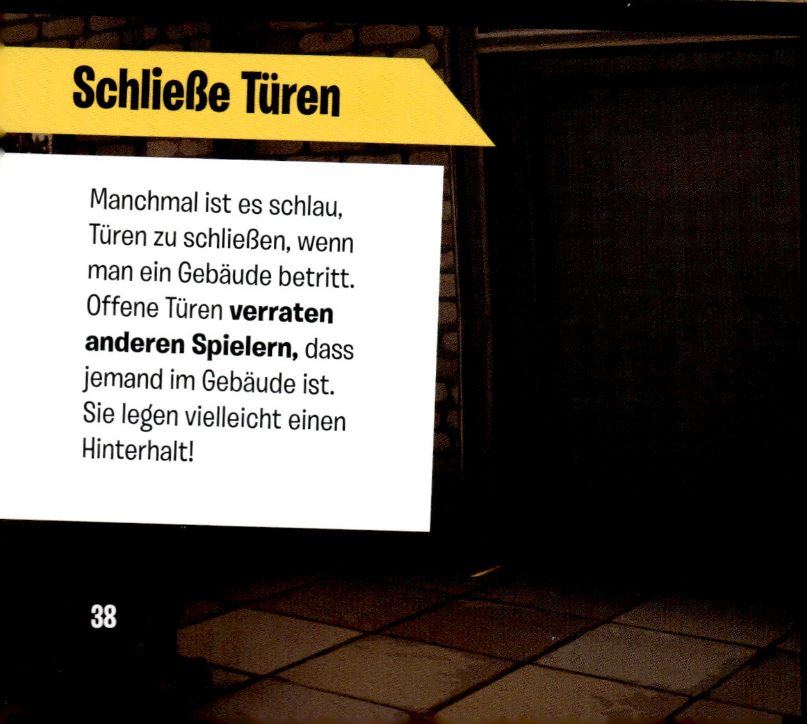

Schließe Türen

Manchmal ist es schlau, Türen zu schließen, wenn man ein Gebäude betritt. Offene Türen **verraten anderen Spielern,** dass jemand im Gebäude ist. Sie legen vielleicht einen Hinterhalt!

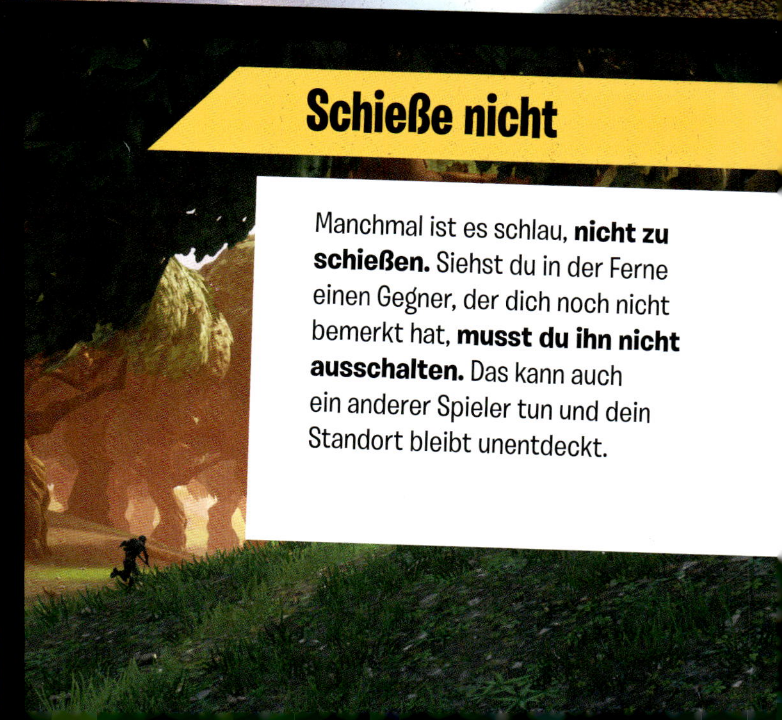

Schieße nicht

Manchmal ist es schlau, **nicht zu schießen.** Siehst du in der Ferne einen Gegner, der dich noch nicht bemerkt hat, **musst du ihn nicht ausschalten.** Das kann auch ein anderer Spieler tun und dein Standort bleibt unentdeckt.

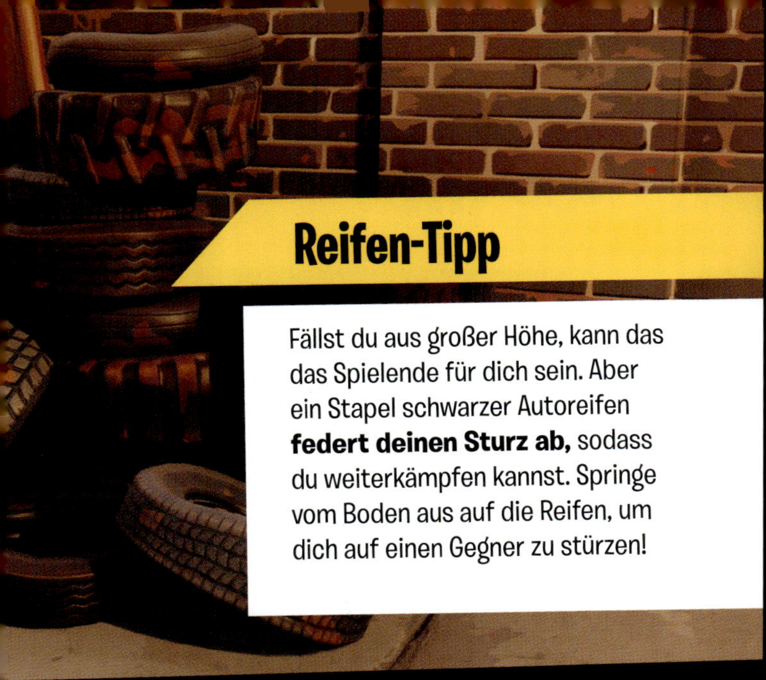

Reifen-Tipp

Fällst du aus großer Höhe, kann das das Spielende für dich sein. Aber ein Stapel schwarzer Autoreifen **federt deinen Sturz ab,** sodass du weiterkämpfen kannst. Springe vom Boden aus auf die Reifen, um dich auf einen Gegner zu stürzen!

Irre Pyramide

In einer Basis in der Form einer umgedrehten Pyramide schaltest du Gegner aus. Baue zwei Mauern auf allen vier Seiten, dann stelle darum herum geneigte, umgekehrte Dachteile. Mit Rundumblick kannst du jetzt **Gegner aus der Ferne** erledigen!

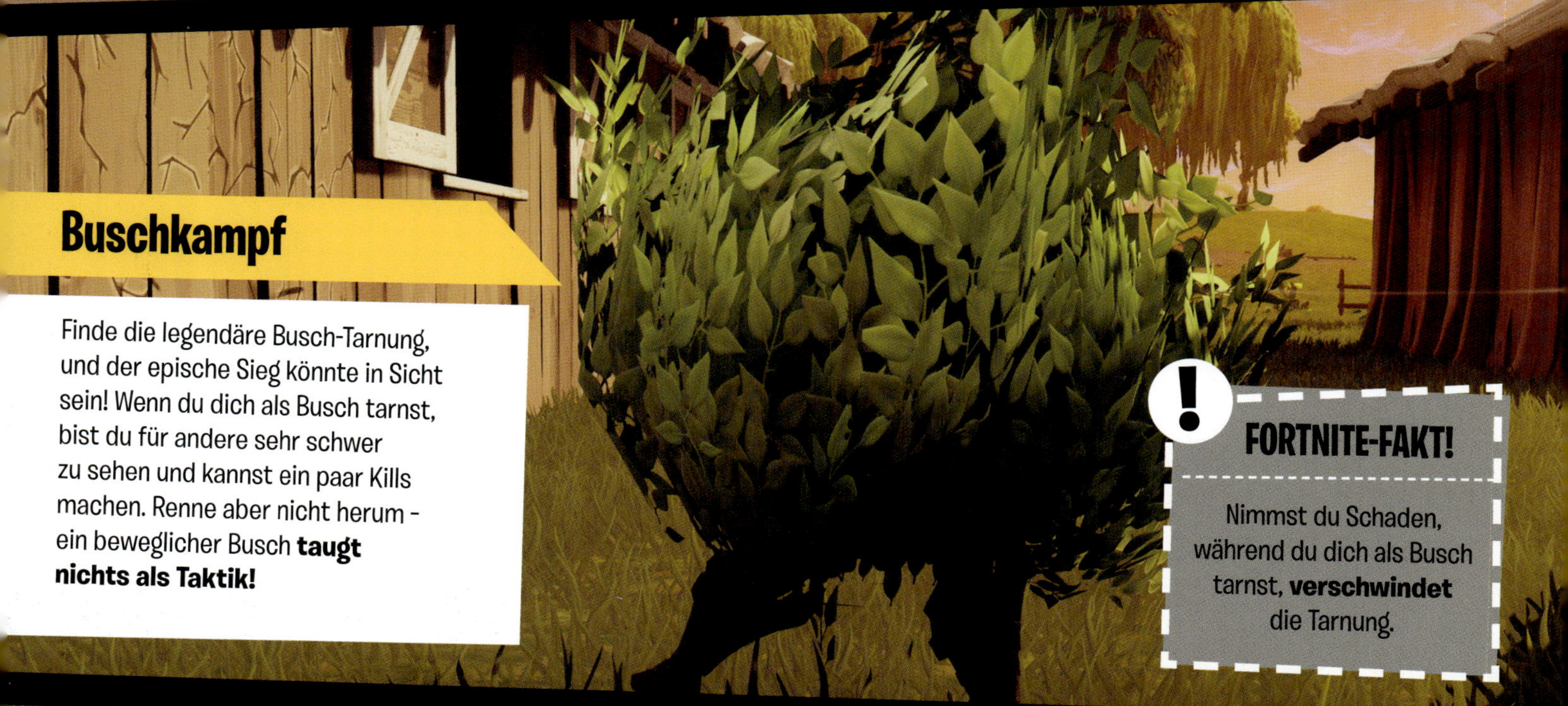

Buschkampf

Finde die legendäre Busch-Tarnung, und der epische Sieg könnte in Sicht sein! Wenn du dich als Busch tarnst, bist du für andere sehr schwer zu sehen und kannst ein paar Kills machen. Renne aber nicht herum - ein beweglicher Busch **taugt nichts als Taktik!**

!

FORTNITE-FAKT!

Nimmst du Schaden, während du dich als Busch tarnst, **verschwindet** die Tarnung.

Impulsiver Akt

Impuls-Granaten kann man **auf Gegner werfen.** Die Explosion schleudert sie hoch. Steht der Gegner erhöht, nimmt er vielleicht Schaden beim Fall. Es ist **ein kluger Tipp,** um Camper (Leute, die sich verstecken) hinaus ins Freie zu locken, wenn die Schlacht zu Ende geht.

Verhalten und Sieg im

Nah-kampf

Zum Nahkampf kann es vom Augenblick der Landung an jederzeit kommen. Sei bereit mit diesen Experten-Tipps!

Bei Schießereien aus nächster Nähe im Freien ist es keine gute Idee, durch das Visier zu zielen. Dadurch wirst du weniger beweglich und **zum leichteren Ziel.**

Bist du hinter einer Mauer oder einem Objekt in Deckung und ein Gegner kommt dir nahe, spähe hervor und **ziele schnell auf den Kopf,** bevor du wieder in Deckung gehst.

Fortnite ist ein Third-Person-Spiel. Du siehst also deinen Helden und das Umfeld um ihn herum. **Nutze diese Perspektive,** um zu sehen, wo du dich in Sicherheit bringen kannst.

Landest du direkt neben anderen Spielern und kommst nicht an eine Waffe, kannst du sie auch mit der Spitzhacke ausschalten. Man muss **öfter zuschlagen,** aber es geht.

Musst du dich verteidigen und brauchst ein paar Sekunden für deinen nächsten Schritt, **springe und bewege dich.** Als bewegliches Ziel bist du sehr viel schwerer zu treffen.

Mit einer Waffe wie der schallgedämpften Maschinenpistole im Spielwiese-Modus musst du nicht sonderlich dicht ran. **Schieß aus der Hüfte los,** sobald ein Gegner vor dir auftaucht.

Hast du es mit einem Gegner zu tun, der springt und dann schießt, **stelle rasch eine Mauer hin,** während er springt, dann wehrst du den Schuss hoffentlich ab.

Renne nie in ein Gebäude, wenn du von einem Gegner direkt vor dir beschossen wirst. Du könntest dort ganz schnell festsitzen und **mühelos ausgeschaltet werden!**

Rolle eine Boogie-Bombe raus – eine seltene Distanzwaffe, die deinen Gegner **fünf Sekunden lang zum Tanzen bringt.**

Fallen-Tipps und -Tricks

Schadensfallen sind mit die epischsten Gegenstände bei Battle Royale! Man sieht sie nicht oft, daher sind sie nicht leicht zu meistern.

Eine Schadensfalle ist eine Kachel mit Zacken, die man auf dem Boden, der Wand oder Decke eines Gebäudes anbringt. Bewegt sich ein Gegner darüber oder davor, richtet die Falle Schaden an. Zum Glück kannst du sie nicht selbst auslösen und dich verletzen!

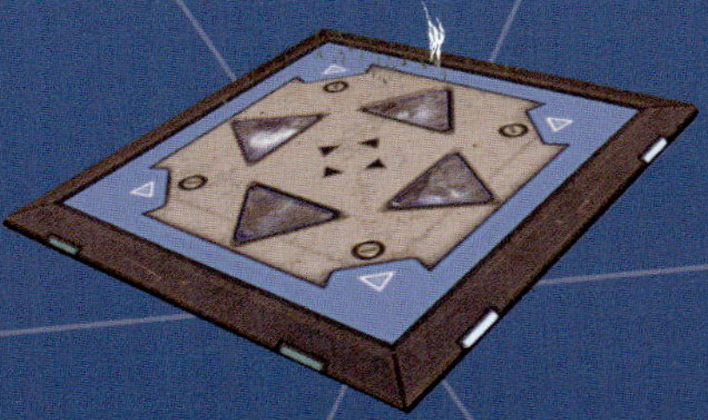

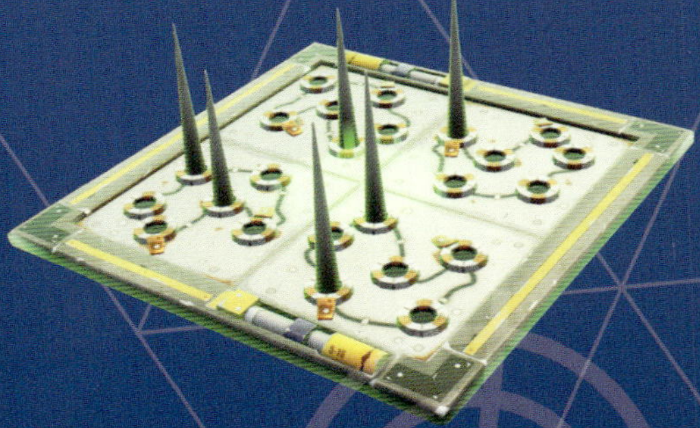

FORTNITE-FAKT!

Spieler können Schadensfallen mit Waffen **zerstören.**

Ein Trick ist, **interessante Beute** neben eine Schadensfalle in einem Gebäude zu legen und zu hoffen, dass ein Gegner hineinläuft. Du kannst die Falle auch aufstellen und dich direkt darüber verfolgen lassen. Das ist riskant, da du vermutlich beschossen wirst.

Hier ist eine **einfache Falle,** die du unerfahrenen Spielern stellen kannst. Lass eine unbenötigte Waffe oder einen Gegenstand fallen und verstecke dich. Kommt ein Spieler, um ihn aufzuheben, kannst du auf ihn schießen. Easy!

Ferngesteuerte C4-Sprengsätze ergeben geniale Fallen! Es sind **seltene Distanzwaffen,** die man in Beute-Lamas, Vorratslieferungen und Truhen findet. C4 muss man an einem Gebäude anbringen. Es wird aus der Ferne gezündet und streckt Gebäude und Gegner nieder.

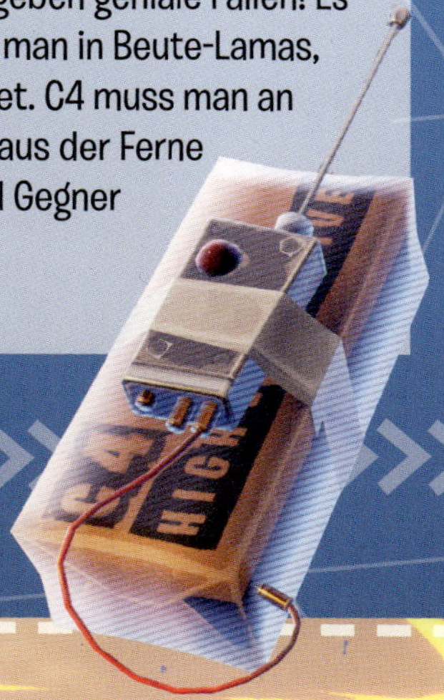

Bist du ein schneller Baumeister, kannst du **rund um einen Gegner bauen** und ihn einschließen! Stell dich über ihn und baue Böden auf seine Treppen. Zum Abschluss bringst du optimalerweise eine Schadensfalle für den Gegner an, die dieser ungeahnt auslöst. Bumm!

FORTNITE-FAKT!

Fallen brauchen **keinen Inventarplatz.**

Speziell und geheim

Der Hersteller Epic ergänzt ständig neue Specials und Updates bei Battle Royale. Hier sind ein paar Highlights!

Das **Infrarot-Sturmgewehr mit Zielfernrohr** erschien 2018. Es erkennt die Wärme von Gegnern, Truhen und Vorratslieferungen und macht in der legendären Version einen Grundschaden von 37. Dieser Waffe entkommt man kaum.

Epic verfeinerte den **Replay-Modus** von Battle Royale, und du kannst Drohnenkameras, Super-Zeitlupe und andere Funktionen verwenden. Es ist supereinfach, deine besten Momente festzuhalten! Gehe zum Karriere-Reiter, wähle Replays und leg los.

Siehst du einen **Verkaufsautomaten** auf der Insel, schau dir die coolen Gegenstände an, die du sammeln kannst. Sie kosten zwischen 100 und 500 Holz, Metall oder Stein. Schlage mit deiner Spitzhacke darauf ein und schau dir an, was es gibt!

Mit Können (und Übung) kannst du auf einer **Lenkrakete durch den Himmel fliegen.** Schieß die Rakete ab und lenke sie dann auf einer tiefen, flachen Bahn zu dir zurück. Dann musst du dich ausklinken und aufspringen. Guten Flug!

Heile mit einem **knisternden Lagerfeuer** dich und alle Team-Kameraden in Duos oder Squads. Es ist ein seltener Fallen-Gegenstand, der 25 Sekunden lang pro Sekunde 2HP heilt.

Hydranten kannst du aufhacken, sodass die Wasserstrahlen dich hochschießen - sogar auf Gebäude. Probiere es aus, wenn du einen siehst!

FORTNITE-FAKT!

Legendäre Jetpacks lassen dich durch die Luft sausen. Sie tauchten 2018 für begrenzte Zeit auf - hoffentlich kommen sie zurück!

2018 lud Epic Fortnite-Fans ein, ihre coolen Tanz-Moves zu zeigen und sie auf sozialen Medien zu teilen. Die besten 100 wurden ausgezeichnet, wobei aus der Nummer 1 ein Emote im Spiel wurde!

Teamspiel!

Battle Royale ist nicht nur ein Solo-Spiel - hole dir in Duos oder Squads den epischen Sieg mit deinen Freunden!

Wähle in der Lobby vor dem Spiel Duos oder Squads und lade Spieler aus deiner Freundesliste ein. Du kannst auch Auffüllen benutzen, um dich entweder mit einem oder im Squad-Modus mit drei unbekannten Spielern zusammenzutun.

FORTNITE-FAKT!

Der Spielwiese-Modus lässt bis zu vier Spieler auf einer Insel kämpfen.

Im Spiel erkennst du deine Teamkameraden, weil ihre Namen **über den Köpfen** angezeigt werden. Lerne, dich auf das Ausschalten von Gegnern zu konzentrieren – lass dich nicht von deinem eigenen Team erschrecken!

In Teamspielen treten Duos immer gegen andere Duos an und Squads schalten andere Squads aus. Du brauchst kein volles Vierer-Squad, aber wenn ihr mit nur drei Helden spielt, seid ihr **massiv benachteiligt!**

Epic bringt gerne **Limited Time Modes** (LTM) heraus, also Spiele, die man nur für kurze Zeit spielen kann, meist etwa eine Woche. **20er-Teams** lässt fünf 20-Spieler-Squads antreten und es gab sogar einen irren 50-gegen-50-Modus!

Eine **gute Taktik** lässt zwei von euch auf den Feind zulaufen und angreifen, während die anderen beiden in Deckung als Scharfschützen agieren. Ihr trefft den Gegner **hart** und sorgt für **Chaos!** Heilt euch mit einem knisternden Lagerfeuer.

Wenn ihr in Duos oder Squads jemanden niederstreckt, rennt nicht **immer** vor, um Beute zu machen. Andere Mitglieder des Gegner-Teams könnten vorpreschen und die könnt ihr ins Visier nehmen. Tolle Teamarbeit, Leute!

Solo-Showdowns sind spezielle LTM-Spiele. Der erste Blitz-Showdown 2018 war eine sehr viel schnellere Schlacht als sonst. Der Sturmkreis war rasant. Spitzenspieler verdienten V-Bucks je nach Kills und Platzierung in 25 spannenden Spielen.

Top 3 Team-Tipps

1. **Landet zusammen.**
2. **Sprecht euch ständig ab.**
3. **Teilt Heilgegenstände.**

Hier geht es um V-Bucks, Seasons, Pässe und Herausforderungen bei Battle Royale!

IN-GAME-EXTRAS

Es gibt viele Möglichkeiten, Spaß mit Fortnite zu haben. Manche kosten auch echtes Geld ...

V-Bucks ist die Spielwährung von Fortnite. Du musst mit echtem Geld V-Bucks im Game-Shop kaufen. Mit V-Bucks kannst du Charakter-Skins, Werkzeuge, Gleiter, Emotes und andere Verschönerungen upgraden, mit denen deine Figur im Kampf auf der Insel heraussticht.

FORTNITE-FAKT!

Pässe, V-Bucks oder vollendete Herausforderungen sind **nicht nötig**, um mit Fortnite Battle Royale Spaß zu haben!

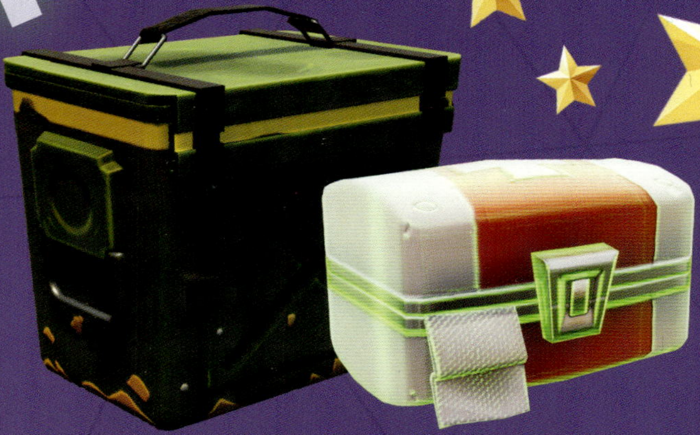

Free Pass

Spieler können mit dem Free Pass bei Battle Royale Herausforderungen abschließen, um niedrigstufige **kostenlose Dinge freizuschalten,** darunter Icons, Emotes und ein paar V-Bucks. Der Free Pass ist kostenlos und die Herausforderungen können ganz simpel sein. Je mehr du machst, umso höher die Stufe, die du erreichst.

Battle Pass

Der Battle Pass ist eine erweiterte Version des Free Pass und wird mit V-Bucks gekauft. Die angebotenen **Battle-Pass-Belohnungen** können u. a. Gleiter, Werkzeuge, Icons, Skins und Emotes sein.

Battle-Sterne

Spieler gewinnen für wöchentliche Herausforderungen oder tägliche Quests Battle-Sterne. Um eine **höhere Stufe zu erreichen,** musst du eine bestimmte Anzahl erringen. In der Lobby siehst du eine Liste aller Herausforderungen.

Saisons

Ein Battle Pass gilt für eine Saison von Fortnite. Eine Saison **dauert zwei bis drei Monate,** und um an der nächsten teilzunehmen, muss man mit V-Bucks einen neuen Battle Pass kaufen. Du kannst jederzeit in eine Saison einsteigen, aber am Anfang ist es am sinnvollsten.

Du kannst in jeder **Saison** deine **Erfahrung (XP) steigern.** Damit geht dein Saison-Level hoch. Saison-XPs basieren vor allem darauf, wie gut du dich in Spielen behauptest, wie lange du überlebst und wie viele Eliminierungen du schaffst.

Rette die Welt

Erde in Gefahr!

Die Welt wird von Monstern bedroht und nur du und dein Team könnt sie retten! Lerne die Grundlagen von Fortnite Rette die Welt ...

TOP-TIPPS

- Im PvE-Modus für Einzelspieler oder Teams mit bis zu vier Mitspielern spielst du **Missionen** und kämpfst gegen Zombies, die Hüllen.

- In den Missionen baust du **epische Gebäude** und verteidigst Standorte oder rettest Überlebende!

- Du errichtest die **permanente Sturmschild-Basis.** Dort können Gegenstände gelagert werden.

- Es gibt **vier Heldentypen** zum Spielen – Soldat, Konstrukteur, Entdecker und Ninja.

- Du **baust** Metall, Stein, Holz und andere **Gegenstände** wie Schrauben und Muttern oder Roherz **ab.**

- Das Herstellen von Dingen ist in Rette die Welt **sehr wichtig,** aber du musst vorher **Skizzen** finden.

- Helden können **aufsteigen,** indem sie Quests abschließen und XP verdienen.

Kenne den Feind

Lerne die Monster kennen, die dich in Rette die Welt attackieren werden ... stelle dich deinen Ängsten!

Hüllen

Die Feinde in diesem Fortnite-Modus wirken, als würden sie **Kapuzenpullis** tragen. Sie haben aber nur Haut und Gesichter gedehnt. **Igitt!**

FORTNITE-FAKT!

Standard-Hüllen nutzen **Nahkampf-Angriffe,** sie richten also mit den Händen Schaden an.

Dicke Hüllen

Die etwas stärkere dicke Hülle kann auch **Gebäude beschädigen,** nicht nur Spieler.

Chromhüllen

Die Metallglanz-Hüllen können sich besser verteidigen und sich selbst **wiederbeleben,** außer sie wurden mit Feuer oder Wasser ausgeschaltet.

Baseball-Hüllen

Diese Baseball-Fans **werfen Knochen nach dir.** Wenn sie sich zusammenrotten, können sie viel Schaden anrichten.

Imitator

Imitatoren sind irre Kreaturen, die wie Truhen aussehen. Durchsucht man sie, **verwandeln** sie sich und greifen an!

FORTNITE-FAKT!

Strahlenmonster haben **Laseraugen,** die aus der Ferne zuschlagen.

Nebel-Monster

Nebel-Monster sind weniger häufig als Hüllen, aber größer und gefährlicher! **Zerschmetterer, Schweber, Blaster und Schleuderer** sind vier Typen. Schleuderer haben einen vergrößerten Arm, der Hüllen mit Mega-Kraft schleudert!

Rette die Überlebenden

Strategie und Tipps!

Überlebende zu retten ist eine der coolsten Missionen. Diese Tipps helfen dir bei der Quest!

FORTNITE-FAKT!

Rette die Überlebenden ist ein **toller Weg,** die Stärke deiner Basis zu erhöhen.

In einer festen Zeit von 20 Minuten sind sechs Überlebende zu retten. Die Uhr **tickt ständig,** und ihr braucht einen guten Waffenvorrat. Das Sturmgewehr ist die beste Allround-Waffe bei der Suche nach Überlebenden.

Bist du in der Nähe eines Überlebenden, taucht er oft als **blauer Umriss** auf deiner Mini-Karte auf. Ein Blick auf die Karte ist daher eine einfache Möglichkeit, die Gesuchten aufzustöbern!

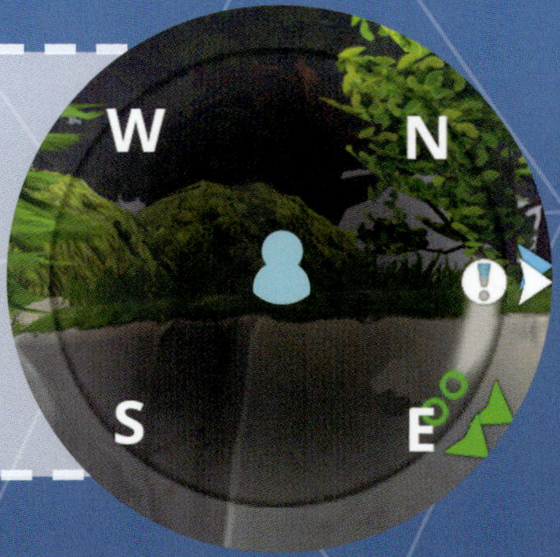

Suche **unten und oben!** Im städtischen Umfeld können Überlebende auf hohen Gebäuden stecken, oder in Kellern und unter der Erde. Du musst bei dieser Mission ein **epischer Entdecker** sein!

Überlebende verstecken sich hinter Regalen, Vorratsbereichen oder in Nischen. Halte die Augen offen und **schaue überall** nach den sechs Leuten, die du retten willst!

Hab immer eine Nahkampfwaffe wie Schwert oder Speer dabei, die dir **auf engem Raum** hilft. Wenn dir die Munition ausgeht, sind deine Schusswaffen nutzlos!

Andere **spannende Missionen** bei Rette die Welt sind z. B. Sturmschild-Verteidigung, Lager-Zerstörung und Begleit- oder Evakuierungsmissionen.

Überlebende hörst du im Spiel nach dir rufen. Wenn du **ein Headset nutzt,** helfen dir ihre Stimmen dabei, ihren Standort zu finden.

Was du wissen musst!

Handwerk und Bauen

Das sind zwei wichtige Bestandteile von Rette die Welt, darum schau dir diese Tipps an.

Bei Rette die Welt haben Waffen eine **Haltbarkeitsstufe.** Diese wird oben rechts im Bildschirm angezeigt. Du musst Waffen mithilfe von Skizzen herstellen und ersetzen, wenn sie **abgenutzt** sind.

Muttern und Schrauben sind **wichtige Materialien,** die du aus Parkuhren am Straßenrand erhältst. Die kann man zertrümmern und bekommt immer Muttern und Schrauben. Autos, Werkzeugkisten und rostige Dosen sind auch gute Quellen.

! **FORTNITE-FAKT!**

Loote große Werkzeugkisten, bevor du sie **zertrümmerst.**

Baust du Wände um ein **Ziel,** denke daran, dass die Hüllen immer den schwächsten Teil angreifen. Versuche, immer möglichst alle Wände mit Upgrades zu verbessern.

Baust du genug Holz ab, lege eine hohe Rampe mit Bodenkacheln an, damit du **große Entfernungen** über hohe Objekte wie Gebäude oder Wälder besser überbrückst. Fall nur nicht runter, sonst erleidest du Schaden.

Gebäude mit Kellern sind **sehr** praktisch! Zerstöre das Gebäude, auch den Boden, sodass nur der Keller bleibt. Das ist ein toller Ort, um Hüllen eine Falle zu stellen – denke nur daran, alle Treppen im Keller zu **entfernen.**

Bauwerke namens **Fallentunnel** beschädigen Monster schwer! Es sind einfache Kästen aus zwei Wandelementen, einem Boden und Bodenelementen als Dach. Baue im Inneren des Tunnels eine Falle und bewundere das **Gemetzel,** sobald die Hüllen eindringen!

Waffen im Anschlag!

Wie immer in Fortnite ist Waffenkenntnis ein Gewinnkriterium!

FORTNITE-FAKT!

Ninja-Helden sind die **Schwertkampf-Meister** im Rette-die-Welt-Modus.

Deine **Spitzhacke** ist ein Werkzeug, um Materialien abzubauen, aber auch eine Waffe! Hüllen sind nicht begeistert, wenn man mit der Hacke vor ihnen herumfuchtelt!

Schwerter sind perfekt für schnelle Nahkampf-Angriffe. Ihr Schaden ist niedrig, aber man schlägt rasch zu und sie lehren Hüllen das Fürchten (und machen Kleinholz aus ihnen)! Nimm schwere Schwerter, wenn du es mit Monsterhorden zu tun hast.

Eisenwaren-Nahkampfwaffen sind Brecheisen und Vorschlaghammer. Nimm einen schweren Hammer, wenn du eine kleine Monstergruppe vermöbeln musst!

Schwere Schrotflinten sind genial, wenn du Monstern direkt gegenüberstehst. Nimm den Raumfeger und du profitierst vom 20er-Magazin, Schaden von 63 und einem Einschlag von 90.

Sturmgewehre passen zu allen Heldenklassen, aber Soldaten sind optimal für diese vielseitige Waffe. Nutze die Skizze für ein Salvensturmgewehr und lege mit akkuraten, kurzen Schüssen auf die Hüllen an.

Mit einer Magazingröße von 30 schalten Maschinenpistolen effektiv Zombies auf engem Raum aus, sogar auf mittlere Distanz. Mit kurzer Nachladezeit und hohem DPS sind **Pistolen hier nützlicher** als bei Battle Royale.

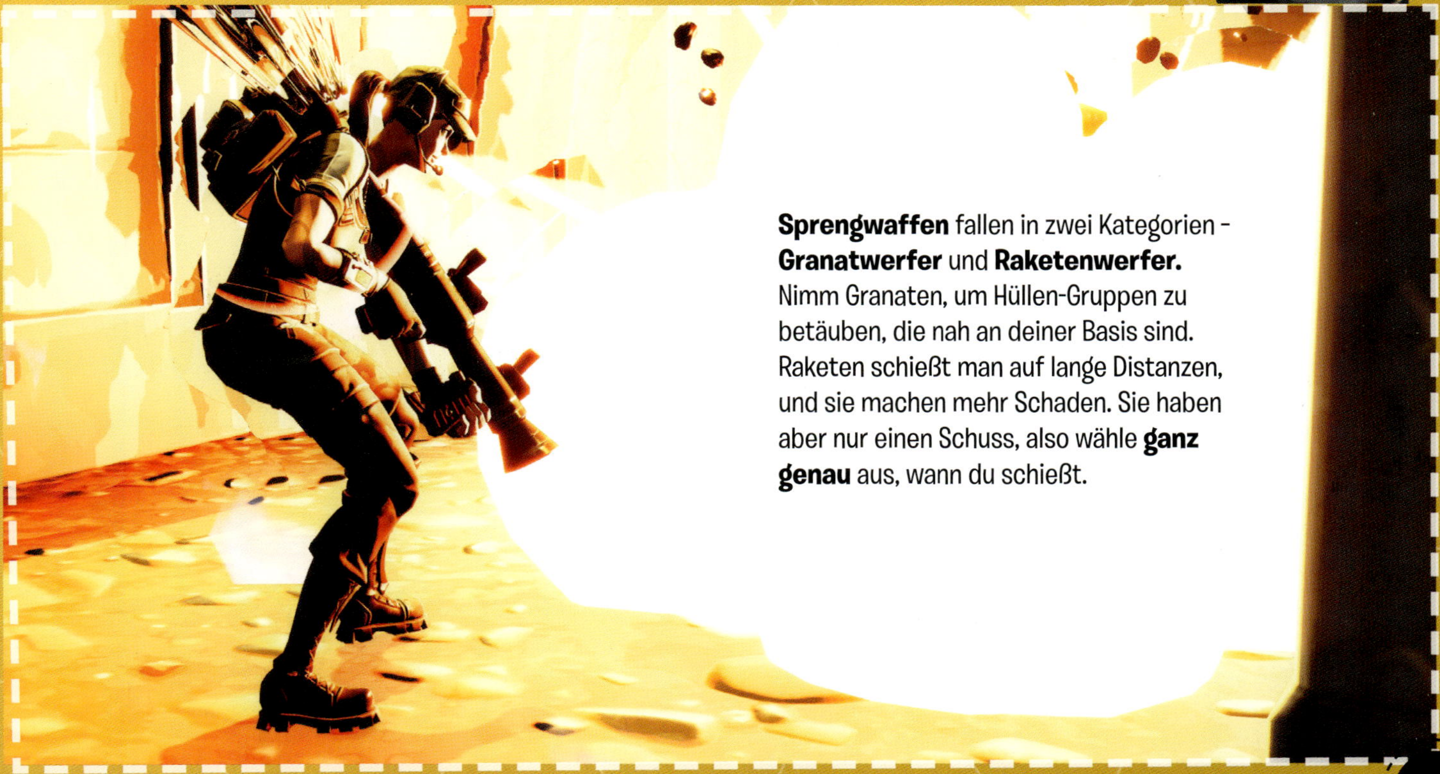

Sprengwaffen fallen in zwei Kategorien – **Granatwerfer** und **Raketenwerfer.** Nimm Granaten, um Hüllen-Gruppen zu betäuben, die nah an deiner Basis sind. Raketen schießt man auf lange Distanzen, und sie machen mehr Schaden. Sie haben aber nur einen Schuss, also wähle **ganz genau** aus, wann du schießt.

Rette die Welt

Epische Tipps für Rette die Welt!

Verbessere die Waffen-Skizzen nicht immer allzu weit. Sie kosten sonst beim Ersatz mehr Baumaterialien.

Bist du Ninja, mach einen **Doppelsprung,** bevor du aus großer Höhe landest, und dein Fallschaden wird viel geringer.

Zerstöre in Gebäuden als Erstes **Wände** im Erdgeschoss und das Bauwerk sollte zusammenstürzen. Eine einfache Technik, die sehr viel bringt!

Spieler können vor jeder Mission **zwei Gadgets** auswählen. Das Vorratskisten-Gadget bringt sofort Materialien, ohne dass man die Basis verlassen muss.

Du kommst an **Lama-Piñatas,** indem du im Spiel Stufen aufsteigst oder sie mit V-Bucks kaufst. Zerschmettere sie und sammle die Gegenstände ein – sie sind gefüllt mit süßen Überlebensvorräten!

Legst du doppelte und unerwünschte Gegenstände ins **Sammelbuch,** sammelst du mehr XP. Aber denke daran: Sobald du etwas ins Buch gelegt hast, bekommst du es nicht mehr zurück.

Vergiss nicht, **Munition herzustellen,** wenn du sie verbrauchst. Konsolenspieler müssen dazu den Nachlade-Button gedrückt halten.

Halte rund um deine Basis die **Sicht frei.** Räume Mauern, Gebäude und Bäume in der Nähe aus dem Weg, damit du dein Ziel viel leichter verteidigen kannst.

Mein Fortnite

Rekorde, Favoriten und Fakten

Trage Erlebnisse und Fakten ein, während du dich durch Fortnite kämpfst!

Mein Name:

Adrian

Mein Alter:

8

Mein erstes Jahr in Fortnite:

Ich habe nicht viel gespielt

Ich spiele ...

Battle Royale [X] Rette die Welt [ ] Beides [ ]

Ich mag Fortnite, weil ...

Es mit allem zu tun hat.

Lieblings-Battle-Royale-Ort:

Salti Springs

Mein Lieblings-Skin:

no skin

Meine Lieblingswaffe:

Pump

Die meisten Kills:

keine ahnung

Ich habe 100010 epische Siege.

Epische Emotes!

**Die Tanz-Emotes von Fortnite sind genial.
Hake sie ab, wenn dein Held sie vorführt!**

- [ ] Zahnseide
- [ ] Dab
- [ ] Huhn
- [ ] Discofieber
- [ ] Electro-Shuffle
- [ ] Gun Show
- [ ] Daumen hoch
- [ ] Langsames Klatschen
- [ ] Schere, Stein, Papier
- [x] Staub von Schultern
- [ ] Schnipsen
- [ ] Bel Air